CATALOGUE

D'UNE COLLECTION

D'ESTAMPES & DESSINS

ANCIENS

AQUARELLES ANGLAISES

PROVENANT DE L'ÉTRANGER

dont la vente aux enchères publiques aura lieu

HOTEL DES COMMISSAIRES-PRISEURS

Rue Drouot, n° 5

SALLE N° 7, AU 1er ÉTAGE

Les Mardi 14 & Mercredi 15 Avril 1868,

A UNE HEURE

—⁂—

Me **DELBERGUE-CORMONT**, Commissaire-Priseur,
rue de Provence, 8,

Assisté de MM. **DANLOS** Fils et **DELISLE**, M^{ds} d'Estampes,
quai Malaquais, 1,

CHEZ LESQUELS SE DISTRIBUE LE PRÉSENT CATALOGUE.

—⁂—

PARIS

RENOU & MAULDE

IMPRIMEURS DE LA COMPAGNIE DES COMMISSAIRES-PRISEURS
Rue de Rivoli, 144.

—

1868

CONDITIONS DE LA VENTE

Elle sera faite au comptant.

Les Acquéreurs paieront CINQ POUR CENT en sus du prix d'adjudication.

Les pièces désignées sous un même numéro pourront être divisées.

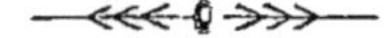

ORDRE DES VACATIONS

PREMIÈRE VACATION

Estampes............... Nᵒ   1 à 180

DEUXIÈME VACATION

Estampes............... Nᵒ 181 à 311
Dessins................   312 à 350

NOTA. Il sera vendu par lots à la fin de chaque Vacation, environ 3,000 Estampes anciennes et modernes, Portraits, etc.

ESTAMPES

1 **Anonymes italiens du XVᵉ siècle**. Le Ré-
mouleur et l'Amour. Petite pièce. Rare.

2 — Femme debout enveloppée dans une grande
draperie. Belle pièce ; la tête est dessinée à la
plume.

3 **Maîtres anonymes italiens du XVIᵉ
siècle.** Une Figure de Terme. Belle ép.

4 — Les Disciples d'Émaüs. Petite pièce gravée
dans le goût de A. Vénitien.

5 — Deux Amours soutenant une boule sur la-
quelle est un troisième qui décoche une flèche.
Pièce rare.

6 — Adam et Ève. Pièce en hauteur.

7 — Portrait de Charles-Quint. Belle ép.

8 — Sujets divers : paysages. 11 p.

9 **Anonyme.** Portrait de Vondel, in-8°. Belle ép.

10 **Akersloot** (W.). Le Reniement de saint
Pierre, d'après P. Molyn. Très-belle ép.

11 **Altdorfer** (A.). Deux sujets de vierges. Mutius-
Scœvola. 3 p.

12 **Ammon** (J.). Portrait de Frédéric, évêque de Wurzbourg (B. 18). Très-belle ép.

13 **Aquila**. Peintures de Raphaël au Vatican. 11 p.

14 — La Bataille de Constantin d'après Raphaël. Grande planche en 4 f.

15 **Audran** (G.). L'Enlèvement de la Vérité, d'après le Poussin. Belle ép.

16 **Baen** (J. Van). Incendie de l'hôtel de ville d'Amstersdam. Belle ép. d'une pièce rare.

17 **Barbière** (D, del). Cléopâtre (Pas. 12). Très-belle ép.

18 **Beatrizet** (N.). Une Bacchanale d'enfants, d'après M. Ange. Très-belle ép.

19 — Portrait de Jean Valardus. Belle ép.

20 — Joseph expliquant les songes de ses frères, d'après Raphaël; saint Pierre déclaré chef de l'Église, par un anonyme; Jupiter accompagné de l'Amour, d'après Salviati. 3 p. Belles ép.

21 **Beccafumi** (D.). L'Adoration des Bergers (B. 1) Belle ép.

22 **Béham** (J.). La Vierge et l'Enfant Jésus (B. 8). Pièce gravée sur bois. Belle ép.

23 **Bergh** (N. Van-der). Saint Charles Borromée, d'après Rubens. Belle ép.

24 **Berghem** (N.). Différents Animaux, Moutons et Chèvres; le Ruisseau traversé. 17 p.

25 **Bernard**. C. Louis, comte palatin du Rhin, d'après V. Dyck. Belle ép.

26 **Bervic**. Le Serment, d'après Fragonard. Ép. avant la lettre; le Concert d'après Eisen; la Marchande d'oranges, d'après Wille fils. 3 p.

27 **Bléry** (E.). Etudes de Chardons. 3 pièces. Belles ép. sur papier de chine.

28 **Bloemart** (C.) Sainte Famille, d'après le Parmesan. 2 ép. avec différences.

29 **Blot** (M.). Gr. de Guercy, abbé de Sainte-Geneviève; l'abbé Gautier, par Hortemels. 2 p. Très-belles ép. avant la lettre.

30 **Boivin** (R.). Suzanne et les Vieillards; Diane et Calisto; François Ier au temple de l'Immortalité. 3 p.

31 **Bois** (Gravures sur). Portraits de Personnages allemands du XVIᵉ siècle. 43 p.

32 — Sujets divers. 13 p.

33 **Belswert** (S.-A.). Le Naufrage, d'après Van-Avont. Très-belle ép. avant la lettre.

34 — Petits paysages, d'après Rubens. 6 p. Belles épreuves.

35 — Grands paysages, d'après Rubens. 4 p. Belles épreuves.

36 — Les mêmes. 4 p.

37 **Bonasone** (J.). Des Vieillards, vêtus de longs manteaux, ayant les yeux tournés vers une étoile lumineuse (B. 175). Belle ép.

38 — Figures anatomiques, Suite rare de 13 p. (B. 329-341). Belles ép.

39 — Portrait de Raphaël (B. 347). Très-belle ép.

40 — La même Estampe. Belle ép.

41 — Deux Frises d'ornements (B. 353-354). Belles épreuves.

42 — Le Temps; deux figures de Termes. 2 p. Belles ép.

43 — Sainte Famille; l'Adoration des Bergers; la Nativité. 3 p. Belles ép.

44 — Sainte Famille; Sujets mythologiques; la Victoire de Constantin contre Maxence. 4 p.

45 — L'Enlèvement de Clélie; l'Arche de Noé; Femmes autour d'un arbre, etc. 7 p.

46 **Bonnemione**. La Philosophie, d'après Raphaël. Belle ép.

47 **Borresom** (A. Van). Les deux Vaches (B. 2). Belle ép.

48 **Bresse** (Jean de). Le Sénat de Rome, d'après Mantegna (B. 7). Belle ép.

49 **Brentel** (Fréd.). Pompe funèbre de Charles III, duc de Lorraine et de Bar :

Suite complète de 64 pl. gravées à l'eau-forte, d'après les dessins de Ch. de la Ruelle et de Jean La Hyre; plus un plan de la ville de Nancy en 1611 et une feuille généalogique de la maison de Lorraine, en un vol. in-fol., maroquin rouge. Rare.

50 **Brizio** (F.). La Vierge à l'Ecuelle, d'après le Corrége . Très-belle ép.

51 **Campagnola** (J.). L'Astrologue (B. 8); Copie A.

52 — Le Vieux Berger (B. 7); copie en contre-partie très-bien gravée.

53 **Canaletti et Marieschi**. Vues de Venise. 32 p.

54 **Cantarini** (S.). Sainte Famille; saint Antoine de Padoue; Mercure et Argus, etc. 6 p.

55 **Caraglio** (J.). La Bataille au bouclier sur la lance, d'après Raphaël (B. 59). Belle ép.

56 — Les Muses et les Pierrides; la Pentecôte; Alexandre et Roxane, d'après Raphaël. 3 p.

57 — Pallas; Europe; la Femme se peignant, par A. Ghisi, d'après Raphaël, etc. 7 p.

58 **Carrache** (Augustin). La Sainte Famille (B. 43). Très-belle ép.

59 — Pan dompté par l'Amour (B. 116). Belle ép.

60 — L'Amour réciproque (B. 119). Pièce rare.

61 — Pièces lascives. 8 p.

62 — François Denalins (B. 143). Portrait rare.

63 — Sainte Famille; la Nativité, etc. 6 p.

64 **Caronni**. Caroline, reine de Naples, d'après Locatelli. Ep. avant la lettre.

65 **Charlet**. Déroute de Cosaques. Lith. de Lasteyrie.

66 **Charpentier** (chez). Coutumes de l'abbaye de la Trappe. 14 p.

67 **Chodowiecki**. Portrait de Lotte; Vignettes, Portraits, etc. 20 p.

68 — Petites Vignettes pour illustrations. 81 p.

69 — Autre lot de Vignettes. 167 p.

70 **Condé** Sujets gracieux et Portraits, d'après Cosway. 9 pièces.

71 **Corrége** (d'après). Peintures de la coupole de Parme. 13 p.

72 **Crespy**. Louis de Thomassin; C. Legoux de la Berchère, évêque de Narbonne, etc. 4 p. Belles épreuves.

73 **Dagoty** (G.) Jésus et la Femme adultère. Pièce imprimée en couleur.

74 **Danekerts**. Le Titien et sa Maîtresse; la Flore du Titien, par Piccini. 2 p. Belles ép.

75 **Daullé**. P. M. de Maupertuis, d'après Tournière. Belle ép.

76 **Marcenay** (de). Portrait de Jeanne d'Arc. Belle ép. avant la lettre.

77 — Le même Portrait. Ép. avec la lettre.

78 — Portrait du marquis de Mirabeau. Ép. avant la lettre.

79 — Portrait du Prince Eugène. Ép. avant la lettre.

80 — Henri, comte de Berghe, d'après V. Dyck. Ép. avant la lettre.

81 **Marcenay** (De). Le même Portrait avec la lettre.

82 — Portrait d'Augustin de Thou. Ép. avant la lettre.

83 — Portrait de Bayard. Ép. avant la lettre.

84 — Le même Portrait avec la lettre.

85 — Portrait du chancelier de l'Hôpital. Ép. avant la lettre.

86 — Portrait de la princesse de Brunswick. Ép. avant la lettre.

87 — Portrait de Henri IV. Belle ép.

88 — Portrait de Sully. Belle ép.

89 — Portrait du maréchal de Villars. Belle ép.

90 — Portrait du maréchal de Saxe. Belle ép.

91 — Portrait de Charles V, dit le Sage. Belle ép.

91 bis. Sous ce numéro, il sera vendu plusieurs Lots de Portraits, Paysages et Sujets, d'après Van Dyck et Rembrandt.

92 **Desnoyers** (Boucher). La belle Jardinière de Florence, d'après Raphaël. Belle ép. avant la lettre.

93 **Deyster et autres**. Deux Amours; Jeune Femme dans un paysage; la Madeleine, d'après Goltzius; Portrait d'A. Durer, par Kilian, etc. 6 p.

94 **Dietricy**. Paysages avec ruines. 5 p.

95 **Duflos** (G.). Ch. M. Letellier; Jean d'Estrées, par J. Audran; Olivier Gegoux. 3 p. Belles ép.

96 **Dujardin** (K.). Les deux Chevaux de charrue (B. 25). Ép. avant le numéro ; elle est tachée.

97 — Portrait de de Vos (B. 50). Belle ép.

98 — Les Mulets aux clochettes ; Paysage ; jeune homme jouant du violon. 3 p. Anciennes ép.

99 **Dupont** (H.). Le Christ mort, d'après P. Delaroche. Très-belle ép. d'artiste, sur papier de Chine.

100 **Durer** (A.). Jésus au Jardin des Oliviers (B. 19). Très-belle ép. tirée avant les taches de rouille.

101 — L'Homme de douleurs, assis (B. 22).

102 — La Vierge à la Couronne d'étoiles et au Sceptre (B. 32). Belle ép.

103 — Saint Christophe à la tête retournée (B. 51). Belle ép.

104 — Saint Sébastien attaché à une colonne (B. 56). Belle ép.

105 — Saint Sébastien attaché à un arbre (B. 55). Belle ép.

106 — Le groupe des quatre Femmes nues (B. 75). Très-belle ép.

107 — Le petit Courrier (B. 80). Très-belle ép.

108 — Le Paysan et sa Femme (B. 83). Belle ép.

109 — L'Oriental et sa Femme (B. 85). Belle ép.

110 — L'Enseigne (B. 87). Très-belle ép.

111 — Le Branle (B. 90). Belle ép. ; elle est doublée.

112 — Le Pourceau monstrueux (B. 95). Très-belle ép. ; elle est doublée et restaurée.

113 **Durer** (A.). Le petit Cheval (B. 96). Très-belle ép.

114 — Albert, Cardinal de Mayence, de profil (B. 103). Belle ép.

115 — Sujets de Vierges ; le Paysan du Marché ; Saint Jérôme, etc. 8 p., copies.

116 **Durer, L. de Cranach.** Sujets religieux gravés sur bois. 8 p.

117 **Van Dyck** (d'après). B. de Cusance, par P. de Jode, 1er état ; F. de Moncade ; Ferdinand II, par Van Sompel. 3 p.

118 — Portraits d'hommes et de femmes. 24 p.

119 — Portraits d'hommes et de femmes. 22 p.

120 — Portraits d'hommes. 19 p.

121 — Portraits d'hommes. 30 p.

122 — Portraits dont Charles Ier et Henriette, gravés par Vertue. 8 p.

123 — Portraits en pied, buste. 9 p.

124 **Earlom.** Jeune Mère et son Enfant, d'après Sasso-Ferrato. Très-belle ép.

125 **Ecole flamande.** Compositions et Portraits, d'après Rubens, Téniers, Miéris, etc. 38 p.

126 **Ecole italienne.** Compositions d'après Corrége, Baroche, Raphaël, Dominiquin et autres 40 p.

127 — Compositions d'après C. Maratte, Raphaël, D. de Volterre, etc. 30 p.

127 bis — 16 pièces gravées par M. de Ravenne, Suavius et autres.

128 **Edelinck** (G.). J.-B. Colbert ; Lavergne de Tressan. 2 p. Belles ép.

129 — Pierre II, roi de Portugal. Belle ép.

130 **Fac-simile de Dessins**, d'après les anciens Maîtres. 47 p.

131 — Autre lot de 48 p.

132 — Autre lot de 40 p.

133 **Ficquet.** Lamotte-Levayer ; La Bruyère, par Savart ; Larochefoucault, par Choffard. 3 p.

134 **Flamen** (A.). Vue du Château du Perray. Belle ép.

135 **Franco** (B.). La Manne ; Jésus remettant les clefs à Saint-Pierre, par un anonyme. 2 paysages d'après le Titien, etc. 8 p.

136 **Galerie du Palais-Royal** (pièces tirées de la). 60 p. avant et avec la lettre.

137 — Autre lot de 65 p.

138 — Autre lot de 60 p.

139 **Gaultier** (L.). Henri de Gondy, évêque de Paris, Duc d'Epernon, par Th. de Leu. 2 p.

140 **Gélée** (C.). La Fuite en Egypte (R. D. 1). Très-belle ép. avec toute sa marge.

141 — L'Enlèvement d'Europe ; le Campo-Vaccino ; le Berger et la Bergère conversant. 3 p.

142 — La Fuite en Egypte ; le Passage du gué ; l'Abreuvoir ; le Pont de bois. 4 p.

143 — Le Port de mer au fanal ; Berger et Bergère conversant ; le Chevrier ; les Brigands. 4 p.

144 **Ghisi** (G.). Le Père éternel soutenant entre ses bras Jésus-Christ (B. 14). Belle ép.

145 **Gole.** Mlle de Lavallière. Belle ép.

146 **Goltzius** (H.). Guillaume de Nassau, prince d'Orange. Ancienne ép.

147 **Guido-Reni.** Sainte Famille ; le Christ mort ; l'Incrédulité de Saint Thomas, par M. A. de Caravage, etc. 7 p.

148 **Hackaert** (J.). Paysage (B. 2). Belle ép.

149 **Heil** (Léo Van). La Danse paysanne, d'après Rubens. Pièce gravée à l'eau-forte. Très-belle ép.

149 bis **Hirschvogel** (A.). Son Portrait (B. 40). Belle ép.

150 **Hollar** (W.). Tête de Chat. Très-belle ép. ; plus un dessin. 2 p.

151 — Portrait de Holbein. Belle ép.

152 — Portrait de Math. Mérian. Très-belle ép.

153 — Vues de Londres, de Canterbury, etc. 13 p.

154 — Portraits de femmes, Costumes, études de chiens. 20 p.

155 — Costumes des Ambassadeurs chinois, Titres de livres, Paysages, etc. 29 p.

156 — Sujets de la Fable. 50 p.

157 **Hondius** (H.). La Mort tenant un Sablier. Belle ép.

158 **Hotmer** (G.). Jonas, d'après Michel Ange.

159 **Houbraken et Tanjé.** Portraits tirés de l'Histoire des peintres hollandais. 58 p.

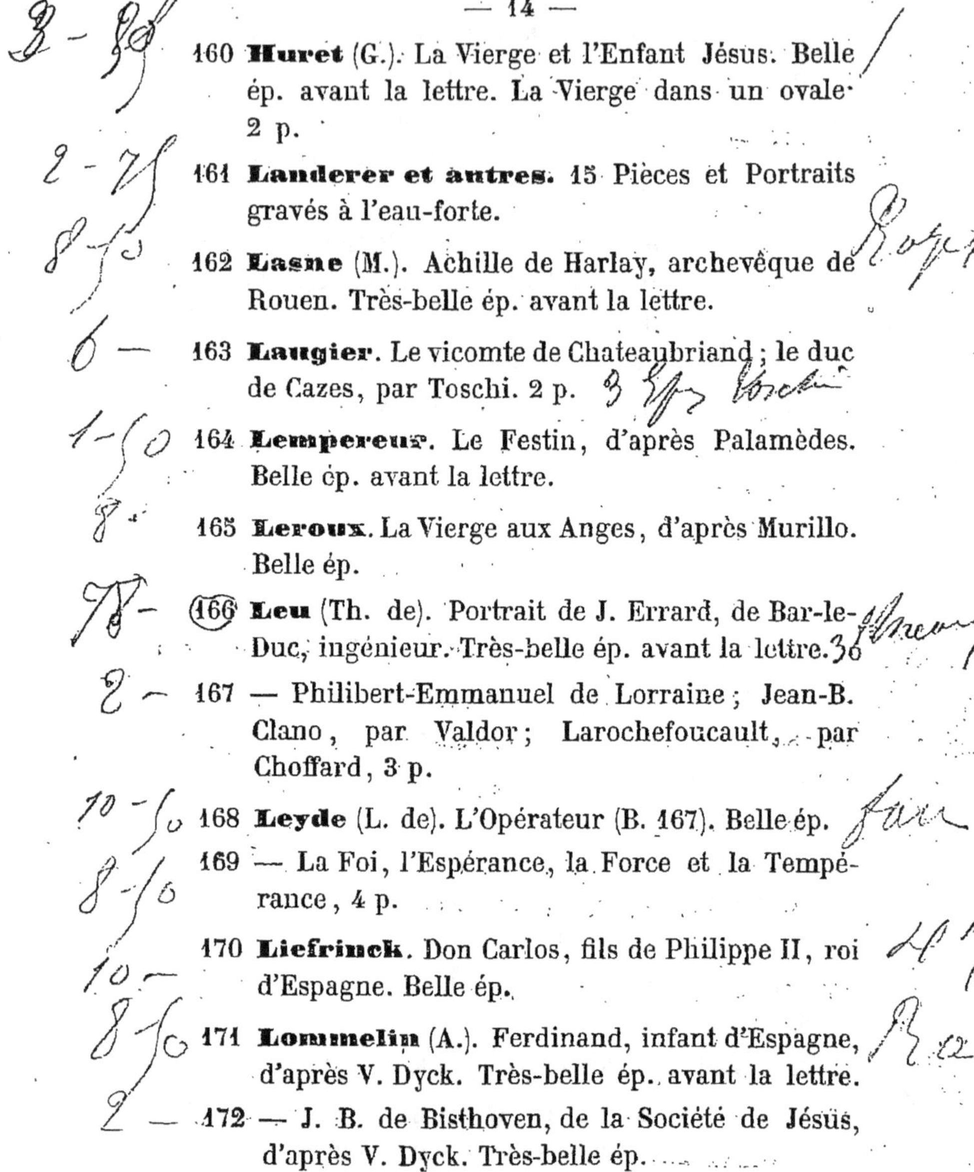

160 **Huret** (G.). La Vierge et l'Enfant Jésus. Belle ép. avant la lettre. La Vierge dans un ovale. 2 p.

161 **Landerer et autres.** 15 Pièces et Portraits gravés à l'eau-forte.

162 **Lasne** (M.). Achille de Harlay, archevêque de Rouen. Très-belle ép. avant la lettre.

163 **Laugier.** Le vicomte de Chateaubriand ; le duc de Cazes, par Toschi. 2 p.

164 **Lempereur.** Le Festin, d'après Palamèdes. Belle ép. avant la lettre.

165 **Leroux.** La Vierge aux Anges, d'après Murillo. Belle ép.

166 **Leu** (Th. de). Portrait de J. Errard, de Bar-le-Duc, ingénieur. Très-belle ép. avant la lettre. 36

167 — Philibert-Emmanuel de Lorraine ; Jean-B. Clano, par Valdor ; Larochefoucault, par Choffard, 3 p.

168 **Leyde** (L. de). L'Opérateur (B. 167). Belle ép.

169 — La Foi, l'Espérance, la Force et la Tempérance, 4 p.

170 **Liefrinck.** Don Carlos, fils de Philippe II, roi d'Espagne. Belle ép.

171 **Lommelin** (A.). Ferdinand, infant d'Espagne, d'après V. Dyck. Très-belle ép. avant la lettre.

172 — J. B. de Bisthoven, de la Société de Jésus, d'après V. Dyck. Très-belle ép.

173 Maître à l'Écrevisse. Esther devant Assuérus. (Pas. 25). Belle ép. Mal conservée.

174 Maître au monogramme au nom de Jésus. Saint-Nicolas de Bari. (Pas. 21). Belle ép.

175 Maître anonyme de l'École de Raimondi. L'Abreuvoir des bœufs, d'après Raphaël. (B. 8). Très-belle ép.

176 Maître anonyme (B. t. XV, p. 504). L'Astrologie ; la Dialectique. 2 p. Belles ép.

177 Maître au Dé. Histoire de Psyché et de Cupidon. (B. 39 à 71). 32 p.

178 — Sujet isolé de l'Histoire de Psyché (B. 71). Très-belle ép.

179 Maître au monogramme H. R.. Le Christ en croix au milieu de saints. Belle ép.

180 Maître au monogramme P. V. H.. Différents chiens. 5 p.

181 Mantégna (A.). Les Éléphants portant des torches (B. 12). Ancienne ép.

182 — Bacchanale à la cuve ; Combats de tritons ; Adoration des Mages, par Robetta ; Panneau d'ornement, par Zoan Andréa. 4 p.

183 Marshall (W.). Allégorie sur la Religion. 2 p. Belles ép.

184 Masson (A.). Marin Cureau de la Chambre. Belle ép. du 1er état.

185 **Masson**. Louis Abelly, évêque de Rhodez; Turgot; Arnault de Pomponne, par Petit; Pardaillan de Gondrin. par Chereau. **4 p.**

186 — Turgot; Moreau de Maupertuis, par Daullé; Cardinal Fleury; Louis Pecour, par Chereau. **4 p.**

187 **Matham**. Le Mariage de Sainte-Catherine, d'après le Tintoret.

188 **Meldolla** (A.). Composition de neuf figures, d'après le Parmesan.

189 — Sujet mythologique, d'après le Parmesan. Pièce non décrite. (Collection Esdaile.)

190 — Sujet allégorique. Petite pièce en hauteur, non décrite. Belle ép.

191 **Mellan** (C.). Portrait du cardinal de Richelieu. Belle ép.

192 **Mellan et Van Schuppen**. Portraits de L. M. de Gonzague; F. de Nesmond; J. Chaillon, par Roullet, etc. **5 p.**

193 **Miele** (J.). Le Berger (B. 1); La Vieille (B. 2). **2 p.** Très-belles ép.

194 — Le Berger (B. 1.) Très-belle ép.

195 **Muller** (J. G.). Sainte Cécile d'après le Dominiquin. Très-belle ép. avant la lettre.

196 **Musée Français** (Pièces tirées du). **28 p.** avant et avec la lettre.

197 — Autre lot de 25 p.

198 — Autre lot de 25 p.

199 **Nanteuil** (R.). Jean Loret (R. D. 150). Très-belle ép.

200 — Pierre Dupuy; P. Maridat de Serrières. 2 p. Belles ép.

201 — Potier de Novion; Ch. Bènoise. 2 p. Belles ép.

202 — D. Blondel; Blondeau; P. Jannin; La Mothe-Levayer; Castelnau. 5 p.

203 **Naiwincjx**. Paysage (B. 6.). Très-belle ép.

204 **Neefs** (J.). Pastorale, d'après Jordaens. Belle ép.

205 **Olmutz** (W.). Saint Sébastien (B. 30).

206 **Opstal** (G. Van). Tritons et Néréides. 3 pièces. Belles ép.

207 **Ornements** par Lepautre, Lajoue, Oppenord, Germain, etc. 45 pièces.

208 **Oort** (P. Van). Le Troupeau, d'après P. de Laaer. Belle ép.

209 **Pauneels** (G.). La Vieille à la chandelle, d'ap. Rubens. Très-belle ép.

210 **Pesne** (J.). Le Ravissement de Saint-Paul, d'ap. le Poussin. Belle ép.

211 **Petit**. Arnault de Pomponne, abbé de Saint-Médard; D. Huet, évêque d'Avranches, par Moreau; L. Hubert de Montmort, par Trouvain, etc. 4 p.

212 — Petits-maîtres. Aldegraver; Altdorfer; etc., 18 p.

213 — G. Pentez; Aldegraver. 23 p.

214 Poilly. Le Père éternel apparaissant à l'enfant Jésus. Belle ép.

245 — J. P. de Lionne; César d'Estrées, par Gantrel. 2 p. Belles ép.

246 Pontius. Le Tableau de la chapelle où est le tombeau de Rubens. Ép. non terminée.

246 bis — La même estampe terminée.

247 — Adrien Stalbent, d'après V. Dyck. Belle ép. avec l'adresse de M. Van-den-Enden.

248 — Don Alvar Bazan, d'après V. Dyck. Très-belle ép. avec l'adresse de M. Van-den-Enden.

249 Potter (P.). Le Vacher (B. 14.) Belle ép.

220 Poussin (D'après). Compositions gravées par Audran, Poilly, Baudet, Rousselet. 12 p.

221 — Paysages, différents petits sujets. 35 p.

222 — Paysages gravés par Baudet. 7 p.

223 — Paysages gravés par Baudet. 5 p.

224 Raimondi (M. A.). La Vierge sur les nues (B. 47.) Copie portant le chiffre de M. de Ravenne. Belle ép.

225 — Saint Christophe (B. 96). Belle ép.

226 — Saint Georges (B. 98). Estampe de la première manière du maître.

227 — Saint Jérôme à genoux. (B. 101). Belle copie en contre-partie.

228 — Cléopâtre (B. 199). Belle ép.

229 — Alexandre faisant serrer les livres d'Homère (B. 207). Elle est doublée et restaurée.

230 **Raimondi** (M.-A.). La Peste, d'après Raphaël (B. 314). Belle ép.

231 — La Charité (B. 386). Très-belle ép.

232 — La Jeune Mère s'entretenant avec deux hommes (B. 432.)

233 — Les Pèlerins, d'après L. de Leyde (B. 462.) Très-belle ép., elle est rognée sur les deux côtés.

234 — Le Paysan et sa Femme, d'après A. Durer.

235 — David tuant Goliath; Massacre des Innocents; Lucrèce, etc. 8 p.

236 — Le Jeune et le Vieux Berger (B. 431); Vieillard assis. 2 p. copies.

237 — Danse d'Amours, d'après Raphaël. Copie ancienne.

238 — La Prudence ; la Paix; Hercule, etc. 10 p. par et d'après.

239 **Ravenne** (M. de). L'Assemblée des Savants, d'après Salviati (B. 479). Très-belle ép.

240 — Vénus se tirant une épine du pied; Vénus sur la mer. 2 p.

241 — Les Apôtres, d'après Raphaël. 5 p. Belles ép.

242 **Reffler** (P.). Portrait de W. Von Grumpach. Pièce gravée sur bois.

243 **Rembrandt**. Adam et Ève (B. 28); Chasse aux lions (B. 116). 2 p. Belles ép.

244 — Abraham caressant Isaac (B. 33). Très-belle ép.

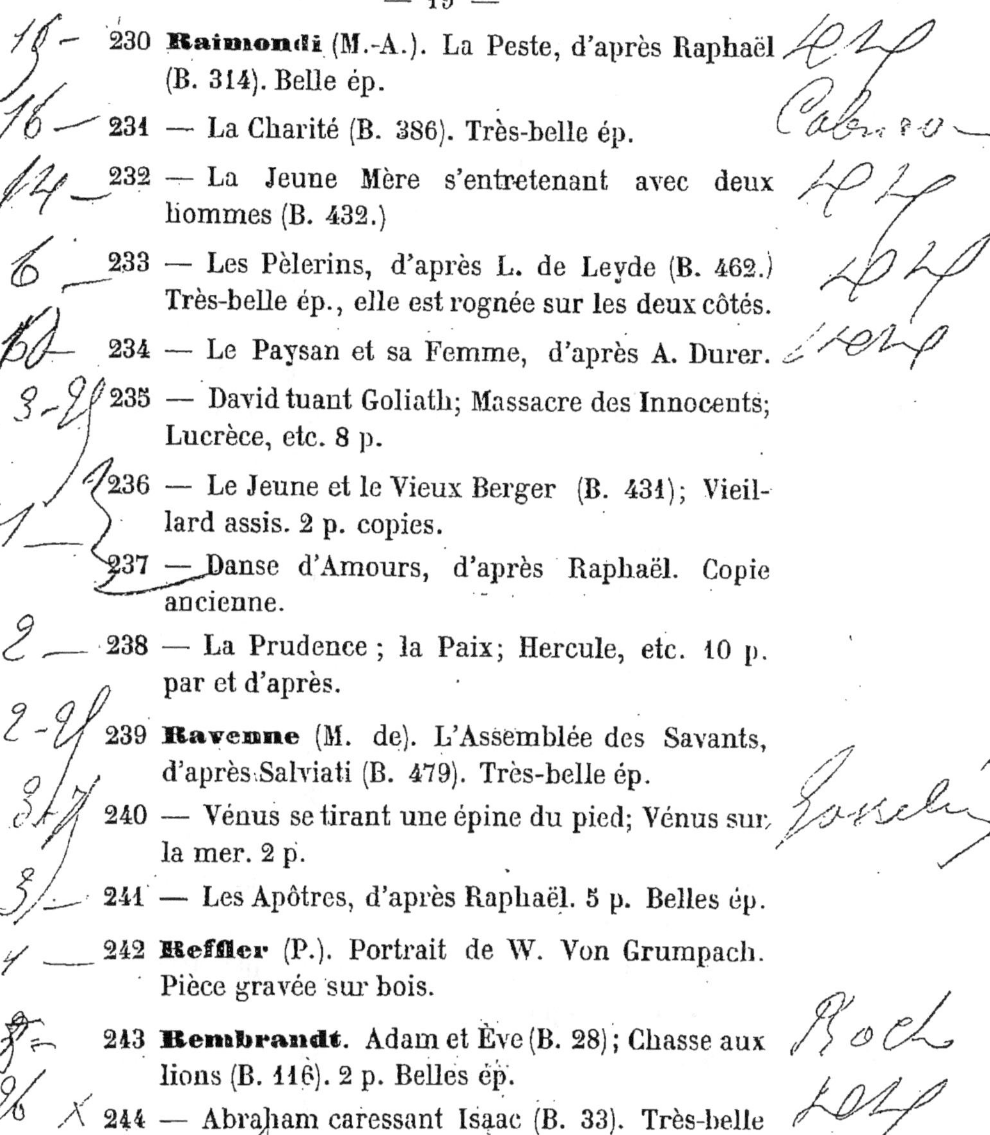

245 **Rembrandt**. Les Disciples d'Emmaüs (B. 88). Très-belle ép.

246 — Jésus chassant les Vendeurs du Temple (B. 69). Très-belle ép.

247 — Petite Résurrection de Lazare (B. 72). Très-belle ép.

248 — Jésus-Christ en croix entre les deux larrons (B. 79).

249 — La Descente de croix (B. 82). Belle ép.

250 — La Fortune contraire (B. 111). Belle ép.

251 — L'Abreuvoir de la vache (B. 237). Belle ép.

352 — Homme à barbe courte et bonnet fourré (B. 263). Belle ép.

253 — Portrait de Van der Linden (B. 264).

254 — Portrait de Janus Silvius (B. 266). Belle ép.

255 — Portrait de Menasse. Ben-Israël (B. 269). Belle ép.

256 — Jean Lutma (B. 276). Belle ép.

257 — Jean Asselin (B. 277). Belle ép.

258 — Portrait de Utembogardus (B. 279). Belle ép.

259 — Saint Jérôme; Jean Asselin; vieille Femme assise, etc. 7 p.

260 **Rembrandt** (par et d'après). Potraits. 31 p.

261 — 26 p.; copies.

262 **Reynolds**. Son OEuvre en 141 petits sujets imprimés sur 30 pl.

263 **Robetta**. L'Adoration des Mages (B. 6). Belle ép.

264 **Roffe** (A.). Portrait de la femme de Rubens, d'après Rubens. Très-belle ép. avant la lettre, sur papier de Chine.

265 **Roullet**. Portrait de Monseigneur de Mailly d'Hocquincourt. Belle ép.

266 **Rubens** (d'après). David dans la fosse aux Lions ; Chasse an sanglier ; Paysages, etc. 15 p.

267 **Rubens, V. Dyck, Jordaens** (d'après). L'Assomption de la Vierge ; Renaud et Armide ; le Roi boit, etc. 7 p.

268 **Ruysdael et Both**. Paysages. 8 p.

269 **Savart**. Portrait de Bossuet. 2 ép. dont l'une avec l'adresse de Barrière Fontarabie.

270 **Schmidt**. N. Esterhazy, d'après Tocqué. Belle ép.

271 **Schmidt, Wille et autres**. Parrocel, Mme de Scudéry. 6 portraits, in-8°.

272 **Schongauer** (M.). Jésus-Christ saisi par les Juifs (B. 10). Belle ép.

273 **Schuppen** (Van). Joachim de la Seiglière. Belle ép.-M. Du Houssaye, par Masson. 2 p.

274 **Stanfield**. Vues d'Italie, de la Suisse et du Tyrol. 40 vignettes avant la lettre.

275 **Strange** (R.). La Madeleine, d'après G. Réni. Belle ép. avec toute sa marge.

276 — Joseph et la Femme de Putiphar, d'après le Guide ; Esther devant Assuérus, d'après le Guer- chin. 2 p. Belles ép. avec marges.

277 **Swanevelt** (H.). Sujets de l'Histoire d'Adonis. 2 p. Belle ép. avec l'*excudit*.

278 **Tardieu**. L. de Pardaillan de Gondrin, d'après Rigaud. Belle ép.

279 **Téniers** (D.). Les Buveurs ; les Fumeurs, etc. 5 p. par C. Bœl.

280 **Thomas**. Pastorale d'après Rubens. Belle ép.

281 **Tortorel et Périssin**. Tableaux des guerres, massacres, troubles et autres événements remarquables, advenus en France de 1559 à 1570. Suite complète de 40 estampes, moins le titre (R. D. 1 à 40). Exemplaire avec le texte allemand (très-rare).

282 **Toschi**. Portrait du duc de Cazes, Cuvier, par Doo. 2 p.

283 **Uden** (Lucas Van). Grand Paysage, d'après Rubens ; petit Paysage en largeur. Belles ép.

284 **Velde** (Ad. van, de). Différents Animaux. 6 p. Très-belles ép.

284 bis **V. de Velde** (J.). La Sorcière ; l'Hiver. 2 p. Belles ép.

285 **Vénitien** (A.). La Bataille au coutelas, d'après Raphaël (B. 212). Très-belle ép.

286 — Apollon et Daphné (B. 317). Belle ép.

287 — La Pureté, d'après Raphaël. Belle ép.

288 — Le Groupe tiré de l'école d'Athènes, d'après Raphaël (B. 392). Belle ép.

289 **Vénitien** (A.). L'Homme portant la base d'une colonne, d'après Raphaël (B. 477). Très-belle ép.

290 — L'Empereur rencontrant le guerrier, d'après Raphaël (B. 496). Très-belle ép.

291 — Le Sacrifice d'Abraham ; le Portement de croix ; Ananie, etc. 10 p.

292 **Vernet** (J.). Paysage en hauteur. Belle ép.

293 **Vico** (E.). Une Femme debout, d'après le Parmesan (B. 45). Très-belle ép. du 1er état.

294 **Visscher** (C.). Portrait de Coppenol. Très-belle ép. avant la lettre.

295 **Vissher** (les) et **Suiderhoef**. Le bal dans la grange ; le Tâtonneur ; les trois Commères, etc. 7 p.

296 — Paysages et Animaux, d'après Berghem. 5 p.

297 **Vlieger** (S.). Le Chien enchaîné (B. 20). Belle ép.

298 — Chien devant un chenil. Pièce gravée à l'eau-forte. Belle ép.

299 **Volpato** (J.). Attila, d'après Raphaël ; Portrait de M. de Cazes, par Toschi ; le Christ en croix, par Bonafede, etc. 4 p.

300 **Vosterman** (L.). A. Contareno. Belle ép.

301 **Wael** (J. de). Danse villageoise. Première épr. avant l'adresse de Wyngaerde. (Rare.)

302 **Watson**. Rubens et sa Famille, d'après Jordaens. Belle ép.

303 **Woodman**. Le Jugement de Pâris, d'après Rubens. Belle ép. avant la lettre.

304 **Watson**. Rabin juif, d'après Rembrandt. Ép. avant la lettre. 2 portraits par J. Smith. 3 p.

305 **Wierrix**. Albert, archiduc d'Autriche. Ép. non terminée.

306 **Wille** (J.-G.). Le Sapeur des gardes suisses. Très-belle ép. avant toutes lettres et avant les armes.

307 — F.-A. de Neufville, duc de Villeroy. Très-belle ép.

308 **Woollett**. Le Matin; le Soir, d'après Swanevelt. 2 p. Belles ép. à toutes marges.

309 **Wyngaerdt**. Orgie de soldats, d'après Rubens. Belle ép.

310 **Zagel** (M.). Sainte Ursule (B. 101).

311 Sous ce numéro, il sera vendu par lots, environ 3,000 Gravures, Portraits et Compositions, d'après les maîtres de toutes les écoles.

DESSINS

ANCIENS & MODERNES

312 **Anonyme**. Portrait de Charles Iᵉʳ, roi d'Angle-
terre. Aux trois crayons.

313 **Brauwer**. Les Gazetiers. Au bistre, rehaussé.

314 **Brown** (Louise). Étude de tête de jeune fille.
Aux trois crayons.

315 **Cock** (J.-M.). Paysage avec figures et animaux.
A l'aquarelle.

316 **Corrège** (le). Belle étude de tête. A la pierre
noire, rehaussé.

317 — Etude d'enfant. Aux trois crayons.

318 — Etude d'homme nu. A la sanguine.

319 **David**. Deux Etudes au crayon noir.

320 **Dyce** (académicien anglais). Étude d'enfant
couché. Aux deux crayons.

321 **École anglaise**. Intérieur de palais. A l'aquarelle.

322 **École française**. Berger et Bergère au milieu
d'un paysage. Joli dessin au crayon noir, lavé.

323 **École italienne**. Dix-huit Dessins, à la
plume.

324 — Différentes études, à la plume. 12 p.

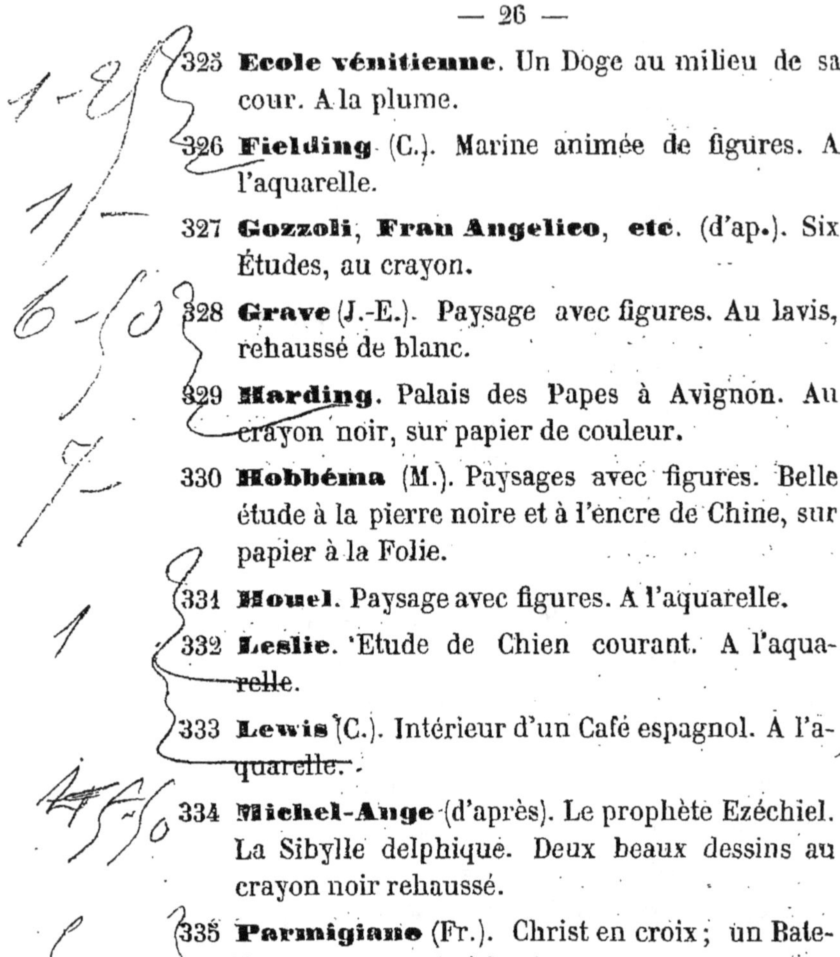

325 **Ecole vénitienne**. Un Doge au milieu de sa cour. A la plume.

326 **Fielding** (C.). Marine animée de figures. A l'aquarelle.

327 **Gozzoli, Fran Angelico, etc**. (d'ap.). Six Études, au crayon.

328 **Grave** (J.-E.). Paysage avec figures. Au lavis, rehaussé de blanc.

329 **Harding**. Palais des Papes à Avignon. Au crayon noir, sur papier de couleur.

330 **Hobbéma** (M.). Paysages avec figures. Belle étude à la pierre noire et à l'encre de Chine, sur papier à la Folie.

331 **Houel**. Paysage avec figures. A l'aquarelle.

332 **Leslie**. Etude de Chien courant. A l'aquarelle.

333 **Lewis** (C.). Intérieur d'un Café espagnol. À l'aquarelle.

334 **Michel-Ange** (d'après). Le prophète Ezéchiel. La Sibylle delphique. Deux beaux dessins au crayon noir rehaussé.

335 **Parmigiano** (Fr.). Christ en croix ; un Batelier. Deux croquis à la plume.

336 **Penzance**. Vue prise au bord de la mer. A l'aquarelle.

337 — Autre vue au bord de la mer. A l'aquarelle.

338 **Pinturicchio** (d'apr.). Onze études, au crayon, d'après ses tableaux.

339 **Primatice** (le). Homme sur un bûcher, entouré de plusieurs figures. Au bistre, rehaussé.

340 **Raphaël** (d'après). Douze Etudes aux trois crayons, faites d'après ses tableaux.

341 **Smith.** Vue du pont de Skelwith. A l'aquarelle; signé et daté de 1857.

342 **Snyders** (Fr.) Deux Chiens de chasse. A la sanguine.

343 **Soebel** (C.). Tir à la carabine dans le jardin Berchtel (en Bavière). Composition de vingt-sept figures. A l'aquarelle.

344 — Un Chasseur et son Chien près d'un renard mort dans une forêt. A l'aquarelle.

345 — Vue de Grumden sur le lac de Trawn. A l'aquarelle.

346 — Portrait d'un Doge, d'après Titien. Peinture à l'huile, sur papier.

347 — Un Paysan napolitain. Peinture à l'huile, sur papier.

348 — Paysanne tyrolienne. Aquarelle.

349 — Tête d'Homme. Etude à l'huile, sur papier.

350 — Etudes de têtes. Deux esquisses.

351 **Titien** (le). Chien courant au milieu d'un paysage. A la plume.

352 **Uppink** (W.). Paysage avec figures et animaux. A l'aquarelle.

353 **West** (E.). Paysage au milieu duquel se voient un clocher et sur le premier plan trois figures. A l'aquarelle.

354 **Wyld** (W.). Jeunes Femmes assises. Deux dessins à l'aquarelle, faisant pendant.

355 — Etude à l'aquarelle, d'après le portrait d'un infant de Vélasquez.

356 Lot de quarante Dessins divers.

Renou et Maulde, imprimeurs de la Compagnie des Commissaires-Priseurs, rue de Rivoli, 144. 11990

www.ingramcontent.com/pod-product-compliance
Lightning Source LLC
LaVergne TN
LVHW051127060726
842526LV00006B/1942